Inhalt

"Green Meetings" - Wann ist ein Meeting wirklich grün?

Kernthesen

Beitrag

Fallbeispiele

Weiterführende Literatur

Impressum

"Green Meetings" - Wann ist ein Meeting wirklich grün?

Harald Reil

Kernthesen

- In Deutschland steigt das Interesse an "Green Meetings". In der Praxis setzt aber erst ein Fünftel der Unternehmen auf "grüne Tagungsstätten".
- Kritiker bemängeln die mangelnde Transparenz von deutschen Umweltsiegeln.
- Österreich hat mit seinem Umweltzeichen für "Green Meetings" einen Standard geschaffen, der sich durchzusetzen scheint.
- Das deutsche Umweltbundesamt hat einen Leitfaden veröffentlicht, der eine gute Orientierung für "Green Meetings" bietet.

Beitrag

In Deutschland setzt erst ein Fünftel der Unternehmen auf "Green Meetings"

Änderungen im Denken lassen sich am besten an neuen Vokabeln ablesen: ökologischer Fußabdruck, ökologischer Rucksack, Ökobilanz. Keine Frage, die deutsche Sprache entwickelt sich gegenwärtig in eine Richtung weiter, die vor allem jener Partei gefallen dürfte, die das Bewusstsein für einen schonungsvollen Umgang mit der Natur seit den 80er Jahren des vergangenen Jahrhunderts prägt - die Grünen. Nicht immer allerdings wird das Deutsche der Flut an Neuerungen auch mit sprachlichen Mitteln Herr. Dann greift sie auf das Englische zurück. Ein Beispiel sind die "Green Meetings", die im Veranstaltungsland Deutschland nicht nur sprachlich auf einem guten Wege sind, en vogue zu werden. Zurückzuführen ist das natürlich darauf, dass sich auch die Idee der "grünen Veranstaltungen" selbst zunehmender Beliebtheit erfreut. Die "Green-Meetings"-Konferenz des German Convention Bureaus (GCB) vor einigen Monaten hat das deutlich gezeigt. Daran beteiligten sich mehr

Teilnehmer, als die Organisatoren eigentlich erwartet hatten. Ein seltsamer Widerspruch dazu ist allerdings, dass in der Praxis erst rund ein Fünftel der deutschen Unternehmen auf "grüne" Kongresszentren setzt. Das zumindest hat eine Umfrage ergeben, die die Best Western Hotels Deutschland unter mehr als 250 Tagungsorganisatoren für kleine und mittelständische Unternehmen sowie Konzerne durchgeführt hat. Vielleicht ist diese Zurückhaltung aber mit einer ganz simplen Tatsache zu erklären - die fehlende Antwort auf die Frage: Wann ist ein Meeting wirklich grün? (1), (2)

Wenig Transparenz in Deutschland

Und in der Tat kreidet beispielsweise die Bundesstiftung Umwelt den zahlreichen Umweltsiegeln, die im Umlauf sind, vor allem die mangelnde Transparenz ihrer Bewertungskriterien an. Dass auf diesem Gebiet tatsächlich noch einiges an Arbeit zu leisten ist, zeigt das Beispiel Matthias Schulzes, der als Geschäftsführer des German Convention Bureaus die "Green-Meetings"-Konferenz in Mainz vor wenigen Monaten immerhin verantwortet hat. Selbst er tut sich schwer damit, klare Richtlinien für ein "Green Meeting" festzuzurren. Sein sehr schwammiger Definitionsversuch: Eine nachhaltige Veranstaltung zeichne sich dadurch aus, dass während jeder Phase der Planung eines "Green Meetings" Konzepte berücksichtigt werden, die umweltfreundlich sind. Es liegt auf der Hand, dass diese Antwort nicht gerade zielführend ist. Provokativ könnte man Schulze beispielsweise entgegenhalten, ob seiner Definition gemäß dann nicht schon ein Frühstücksei von einem freilaufenden Huhn ausreiche, um den leckeren Salat, dessen Thunfischstückchen aus überfischten Fanggründen stammen, in punkto negativer Ökobilanz zu kompensieren. (1), (3)

Mehr Klarheit in Österreich

In unserem Nachbarland Österreich scheint die Situation klarer geregelt zu sein. Dort hat sich mit dem österreichischen Umweltzeichen für "Green Meetings" ein Standard etabliert, der gute Chancen hat, sich auch durchzusetzen. Initiator des Labels ist das Umweltministerium. Grundlage der Bewertung ist ein Punktesystem, das sich in sieben Teilgebiete aufgliedert. Darunter fallen zum Beispiel die Erreichbarkeit mit öffentlichen Verkehrsmitteln oder nachhaltiges Catering. Damit die Veranstalter eines "Green Meetings" den Überblick bewahren, worauf es bei der Planung ankommt, steht ihnen außerdem eine

Software zur Verfügung, die den aktuellen Punktestand anzeigt und Verbesserungspotenzial ausweist. Nicht jedes Meeting muss die Höchstzahl von 109 Punkten erreichen. Abhängig vom Typ der Veranstaltung genügen auch weniger Zähler, um ein Meeting mit dem Umweltlabel zu zertifizieren. Ein Beispiel: Eventmanager, die kein Catering anbieten, können in dieser Kategorie natürlich auch keine Punkte sammeln. Erarbeitet haben die Richtlinie der Verein für Konsumenteninformation (VKI) in Kooperation mit Vertretern der Kongressbranche, relevanten Interessenvertretern und Umweltexperten. Vergeben wird das Umweltzeichen vom Lebensministerium. Die Richtlinie ist gratis im Internet erhältlich. (3), (4), (9), (10)

Leitfaden des Umweltbundesamtes

In Ermangelung von Zertifizierungsstandards sind deutsche Unternehmen, die "Green Meetings" planen, mit dem "Leitfaden für die nachhaltige Organisation von Veranstaltungen" des Umweltbundesamtes (UBA) und des Bundesumweltministeriums vorerst wohl am besten beraten. Die Broschüre gibt es kostenlos im Internet. (11)

Trends

Voraussetzung für "Green Meetings" sind klare Standards

Es ist davon auszugehen, dass sich auch in Deutschland "Green Meetings" mehr und mehr durchsetzen werden. Voraussetzung ist allerdings, dass wie beispielsweise in Österreich klare Standards geschaffen werden. Dass dies geschieht, ist nur eine Frage der Zeit. Schließlich ist Deutschland im weltweiten Vergleich das Veranstaltungsland Nummer eins und kann es sich nicht erlauben, nicht mit dem Strom der Zeit zu schwimmen. (5)

Fallbeispiele

Vorbildlich: Veranstaltungszentrum auf Schloss Montabaur

Das neue Veranstaltungszentrum der Akademie Deutscher Genossenschaften (ADG) auf Schloss

Montabaur ist in punkto Energieeffizienz vorbildlich. Geheizt und gekühlt wird es mit Erdwärme. Das kuppelförmige Photovoltaikglas, das das Gebäude überspannt, erzeugt genügend Strom, um die hauseigene Wärmepumpe fast vollständig mit der Energie zu versorgen, die es braucht, um das Gebäude zu heizen. Die Kuppel ist außerdem so konstruiert, dass der Raum darunter an heißen Tagen durch einen "Verschattungseffekt" wohltemperiert bleibt. Das neue Kongresszentrum ist darüber hinaus bestens mit öffentlichen Verkehrsmitteln zu erreichen - unter anderem hat es eine ICE-Anbindung. (6)

Österreichische Kongresszentren: Sie sind spitze, und noch dazu umweltfreundlich

Der Europäische Verband der Veranstaltungs-Centren (EVVC) hat das Festspielhaus Bregenz und das Congress Centrum Alpbach in diesem Jahr in ihren Kategorien als beste Kongresshäuser Europas gewürdigt. Beide Häuser waren bereits vorher als erste Veranstaltungszentren ihres Landes mit dem neuen österreichischen Umweltzeichen für "Green Meetings" ausgezeichnet worden. (7)

Umweltlabel für die Austropa Interconvention

Als erster österreichischer Kongressanbieter erhielt die Austropa Interconvention, eine Tochtergesellschaft der Verkehrsbüro Group, das Umweltlabel "Green Meeting". (8)

Eventmanager der Beiersdorf AG greift zur Selbsthilfe

Da sich einheitliche Kriterien für "Green Meetings" noch nicht durchgesetzt haben, hat Holger Leisewitz, Eventmanager bei der Beiersdorf AG, zur Selbsthilfe gegriffen. Sein Fragebogen mit 70 Fragen zum ökologischen Verantwortungsbewusstsein seiner Hotelpartner will zum Beispiel Folgendes wissen: Wie energieintensiv ist die Minibar? Gibt es Shampoos und Duschgel in Spendern oder in kleinen Fläschchen? (1)

Weiterführende Literatur

(1) Events mit grünem Gewissen
aus fvw Nr. 15 vom 28.07.2011 Seite 047

(2) Green Meetings noch ein Außenseiter
aus "T.A.I." Nr. 2046/11 vom 25.03.2011 Seite: 8

(3) Umweltfreundliches tagen – so geht das Was Green Meeting Label wirklich taugen
aus BA Beschaffung aktuell, Heft 8, 2011, S. 30

(4) Green Meetings - ein Umweltzeichen setzt sich durch - BILD
aus OTS-ORIGINALTEXT vom 06.06.2011, 11:25:53

(5) Mice-Markt im Wandel
aus Allgemeine Hotel- und Gastronomie-Zeitung Nr. 22 vom 28.05.2011 Seite 010

(6) Neues Veranstaltungszentrum auf Schloss Montabaur eröffnet
aus Agra-Europe (AgE), 52. Jahrgang Nr. 22 vom 30.05.2011

(7) Auszeichnungen für Alpbach und Bregenz
aus Tourismuswirtschaft Austria & International Nr.2053/11 vom 13.05.2011, Seite VER verbände, regionen"T.A.I." Nr. 2053/11 vom 13.05.2011 Seite: 7

(8) Austropa Interconvention als Umwelt-Pionier
aus Tourismuswirtschaft Austria & International Nr.2057/11 vom 10.06.2011"T.A.I." Nr. 2057/11 vom 10.06.2011 Seite: 1

(9) Der Weg zum Green-Meeting
aus "a3-boom" Nr. 06/11 vom 16.06.2011 Seite: 85

(10) UZ 62 Green Meetings
aus "a3-boom" Nr. 06/11 vom 16.06.2011 Seite: 85

(11) Leitfaden für die nachhaltige Organisation von Veranstaltungen
aus "a3-boom" Nr. 06/11 vom 16.06.2011 Seite: 85

Impressum

"Green Meetings" - Wann ist ein Meeting wirklich grün?

Bibliografische Information der deutschen Nationalbibliothek

Die Deutsche Nationalbibliothek verzeichnet diese Publikation in der deutschen Nationalbibliografie; detaillierte bibliografische Daten sind im Internet über http://dnb.d-nb.de abrufbar.

ISBN: 978-3-7379-1525-0

© 2015 GBI-Genios Deutsche Wirtschaftsdatenbank GmbH, Freischützstraße 96, 81927 München, www.genios.de

Alle Rechte vorbehalten. Dieses Werk ist einschließlich aller seiner Teile – z.B. Texte, Tabellen und Grafiken - urheberrechtlich geschützt. Jede Verwertung außerhalb der Grenzen des Urheberrechtsgesetzes bedarf der vorherigen Zustimmung des Verlags. Dies gilt insbesondere auch für auszugsweise Nachdrucke, fotomechanische Vervielfältigungen (Fotokopie/Mikroskopie), Übersetzungen, Auswertungen durch Datenbanken oder ähnliche Einrichtungen und die Einspeicherung und Verarbeitung in elektronischen Systemen.